Vente du Mardi 28 Février et du Mercredi 1er Mars 1899

HOTEL DROUOT, SALLE N.º 10

ESTAMPES

Me MAURICE DELESTRE

Commissaire-Priseur

5, RUE SAINT-GEORGES, 5

M. A. DANLOS

Marchand d'Estampes

15, QUAI VOLTAIRE, 15

CATALOGUE

D'UNE BELLE COLLECTION

D'ESTAMPES

PRINCIPALEMENT DES

ÉCOLES ANGLAISE ET FRANÇAISE

DU XVIIIe SIÈCLE

PIÈCES IMPRIMÉES EN NOIR ET EN COULEUR

COSTUMES

COURSES — CHASSES

ORNEMENTS — THÉATRE — VIGNETTES — VUES

DONT LA VENTE AUX ENCHÈRES PUBLIQUES

AURA LIEU

Hôtel des Commissaires-Priseurs, rue Drouot, 5

SALLE N° 10

Le Mardi 28 Février et le Mercredi 1er Mars 1899

A 2 HEURES TRÈS PRÉCISES

Par le ministère de Me **MAURICE DELESTRE**, commissaire-priseur

5, RUE SAINT-GEORGES

Assisté de **M. A. DANLOS**, marchand d'estampes

15, QUAI VOLTAIRE

CONDITIONS DE LA VENTE

Elle sera faite au comptant.

Les acquéreurs paieront cinq pour cent en plus des adjudications.

M. A. DANLOS, chargé de la vente, se réserve la faculté de rassembler ou de diviser les lots.

ORDRE DES VACATIONS

Mardi 28 Février. . . . . Nᵒˢ 1 à 240

Mercredi 1ᵉʳ Mars. . . . . 241 à fin.

ESTAMPES

ADRESSE.

1. *Pearson and Galignani's*, libraires à Londres. Très jolie petite pièce de forme ovale, gravée par J. P. Simon.
   Très belle épreuve. Rare.

ALIBERT (A Paris, chez).

2. Elle y pense. Jolie petite pièce de forme ovale. *H*.
   Très belle épreuve imprimée en couleur. Grande marge.

ANONYME.

3. La Main chaude. Pièce grivoise de forme ovale. *S*.
   Belle épreuve imprimée en rouge.

BALLONS (Pièces sur les).

4. *Pilatre de Rozier*, deux portraits différents. — *Charles* aux Thuileries, deux portraits différents. — Les frères *Montgolfier*, etc. Dix pièces gravées et lithographiées. *H*.
   Très belles épreuves.

BARTOLOZZI (F.).

5. Diane au tombeau d'Adonis ? *H*.
   Très belle épreuve imprimée en couleur.

6. *The fair Ariadne.*
   Superbe épreuve lettres grises, imprimée en couleur.

7. *Jenny*, très jolie pièce de forme ronde.
   Très belle épreuve imprimée en bistre.

8. *Nymphes bathing.— Nymphes after bathing*. Deux jolies pièces, de forme ovale et faisant pendants, gravées d'après G. B. Cipriani.
   Très belles épreuves imprimées en rouge.

9. *Sprightliness*. Petite pièce, de forme ovale, gravée au pointillé.
   Très belle et rare épreuve avant toutes lettres, en couleur. Grande marge.

10. Portrait à mi-corps d'une jeune femme assise sur un canapé et tenant dans ses mains un violon et son archet. Joli petit médaillon ovale gravé d'après Violet, 1790.
    Très belle et rare épreuve avant la lettre, en couleur.

11. Portrait en buste d'une jeune lady; elle est vue de trois quarts et dirigée vers la droite, cheveux relevés et corsage ouvert; médaillon ovale, gravé d'après J. Cotes 1778.
    Très belle et rare épreuve avant la lettre imprimée à la sanguine.

12. *Cupid et Psyché. — Beauty and time*. Deux pièces faisant pendants.
    Très belles épreuves imprimées en couleur.

BAUDOUIN (D'après P.-A.)

13. Le Carquois épuisé, par De Launay (E. B. 11).
    Très belle épreuve avec marge.

14. Le Chemin de la fortune, par Voyez l'aîné (14).
    Très belle épreuve.

15. Le Coucher de la Mariée, gravé à l'eau-forte par J.-M. Moreau et terminé au burin par J. B. Simonet (16).
    Très belle épreuve avec toute sa marge.

16. Le Curieux, par Malœuvre (17).
    Très belle et rare épreuve avant la lettre. Marge.

17. L'Enlèvement nocturne, par N. Ponce (20).
    Superbe épreuve avant la lettre, elle est très fraîche et a toute sa marge. Très rare de cette qualité.

18. Perrette, par H. Guttenberg (36).
    Très belle épreuve.

19. Le Fruit de l'amour secret, par Voyez le jeune (23).
    Superbe et très rare épreuve avant toutes lettres, mais avec les armes; les marges sont couvertes de salissures de burin.

20. Le Léger vêtement, par Chevillet (28). —
     Très belle épreuve.

21. Rose et Colas, par Simonet (42).
     Très belle épreuve.

22. La Soirée des Tuileries, par Simonet (47).
     Très belle épreuve.

BENAZECH (Par et d'après).

23. Le Couronnement de la Rosière. — Le Prix de l'Agriculture.
    Deux pièces faisant pendants.
     Superbes épreuves imprimées en couleur.

BIGG (D'après W. R.).

24. *The Truants.* — *The Romps.* Deux pièces, faisant pendants, gravées
    en réduction par W. Ward.
     Très belles épreuves en couleur.

BLARENBERGHE (D'après Van).

25. Cérémonie de l'Inauguration de la statue de Louis le Bien Aimé
    à Reims, le 26 août 1765. Gravé par Varin frères.
     Très belle épreuve avec marge.

BOILLY (D'après L.).

26. Ah! Ah! qu'il est sot, par Petit. —
     Très belle épreuve en couleur.

27. La Douce Impression de l'harmonie. — Suite de la Douce Impres-
    sion de l'harmonie. Deux pièces faisant, pendants, gravées par
    F. J. Wollf.
     Très belles épreuves imprimées en couleur.

28. La séparation douloureuse, par Noël.
     Superbe épreuve imprimée en couleur.

29. La solitude, par Tresca.
     Très belle épreuve en couleur.

BOILLY ET Mlle GIRARD (D'après).

30. L'Amant favorisé. — Le Triomphe de Minette. Deux petites ré-
    ductions, de forme ronde, pour dessus de boîtes, gravées par
    De Gouy.
     Très belles épreuves en couleur. Toutes marges.

BOITES (Dessus de).

31. La Bonne Mère. — Le Berger galant, etc. Cinq petites pièces, de
formes ronde et ovale. *H*.

Très belles épreuves imprimées en couleur.

32. Le Calendrier des vieillards. — Nicaise. — La Courtisane amoureuse. — Les Saisons. — Sujets de genre et mythologiques.
Dix-huit petites pièces, la plupart très bien gravées, par et
d'après Watteau, Lancret, B. Picart et autres artistes. *H*

Très belles épreuves.

BONNET (L. M.).

33. Le Premier pas a la Fortune, d'après Du Bois de Sainte-Marie.
Très belle épreuve imprimée en couleur. Rare. *H. ft*

34. *Provoking fidelity*, d'après Parelle, pièce signée par Bonnet seulement de ses prénoms : Louis Marin. *H*

Très belle épreuve imprimée en couleur; elle est avant toutes lettres et
avant l'encadrement rehaussé d'or.

BONNET (A Paris, chez).

35. *Marie-Josephe-Louise de Savoie* Madame, et les Dames d'honneur,
petite pièce, en hauteur, très intéressante comme costumes.
Épreuve coloriée. Très rare. *H*.

36. Les Époux heureux, petite pièce de forme ronde.
Très belle épreuve imprimée en couleur. *H*.

BOREL (A.).

37. Le Bacanal.
Très belle épreuve de la seule pièce que Borel ait dessinée et gravée
à la manière noire. Grande marge.

BOREL (D'après A.).

38. Le Don intéressé, par J. Voysard.
Très belle épreuve. *H*.

59. L'Innocence en danger, par Huot, 1792. 1re Estampe de la suite
de la Paysanne pervertie.
Très belle épreuve.

BOSIO (D'après D.).

75   40   Bal de Société.
        Très belle épreuve coloriée.

41   Bal de l'Opéra.
        Très belle épreuve coloriée.

BOUCHER (D'après).

42.   L'Amour prie Vénus de lui rendre ses armes, gravé aux trois crayons par Bonnet.
        Très belle épreuve tirée sur papier vert.

43.   Buste de jeune femme vue de face, une rose au corsage, gravé aux crayons de couleur par Bonnet, 1767.
        Superbe épreuve tirée sur papier vert.

44.   La même pièce, gravée aux trois crayons.
        Très belle épreuve.

45.   Tête de jeune fille vue de profil et tournée vers la droite, gravé aux deux crayons par Bonnet.
        Superbe épreuve avec marge. Rare.

46.   Jeune Femme debout, tournée vers la droite ; elle retient d'une main la draperie qui la couvre ; gravé aux deux crayons par Bonnet.
        Superbe et rare épreuve avant toutes lettres.

47.   La Petite École. — La Petite Lessive. Deux pièces, faisant pendants, gravées par Bonnet.
        Très belles épreuves imprimées à la sanguine. Marges.

48.   Jeune femme assise sur un lit de repos, gravé à la manière du crayon par Bonnet.
        Très belle et rare épreuve avant la draperie, tirée à la sanguine.

49.   La même estampe.
        Très belle épreuve du même état, tirée sur papier bleu.

50.   Offrande sincère. — La petite École. — Femme nue assise sur un lit. — Tête de jeune femme. Quatre pièces gravées par Bonnet.
        Très belles épreuves tirées à la sanguine.

51.   La Muse Erato, par Daullé.
        Très belle épreuve avec une grande marge.

52.   Pense-t-il aux raisins ? par P. Le Bas.
        Superbe épreuve avec une très grande marge.

53. Vénus entrant au bain, par Michel.
Très belle épreuve. Toute marge.

54. Elle mord à la grappe. — La Bergère prévoyante. — La Baigneuse surprise. Trois pièces gravées par Aliamet et Daullé.
Très belles épreuves.

BOUTELOU.

55. L'Amour se lit dans ses yeux, 1783, médaillon ovale, gravé en réduction et au pointillé.
Très belle épreuve avant la lettre, imprimée en couleur. Rare.

BOYER (D'après).

56. L'Enfant chéri, par Mlle Dulas.
Très belle épreuve imprimée en couleur. Rare.

BUNBURY (D'après H.).

57. *The first interview of Werter and Charlotte.* Jolie pièce à costumes publiée par Smith en 1782.
Très belle épreuve en couleur.

BURKE (T.).

58. *Louisa*, landgrave de Hesse-Darmstadt, médaillon ovale in-4°.
Très belle épreuve.

CARESMES (D'après J.-Ph.).

59. Les Plaisirs champêtres, par Wossinik.
Très belle épreuve imprimée en couleur.

CARICATURES ANGLAISES.

60. *Symptons.* — Voyage à Paris. — Mœurs anglaises. Quinze pièces d'après Alken, Egerton et autres artistes.
Très belles épreuves en couleur.

CARICATURES FRANÇAISES.

61. Scène de patinage au Champ de Mars, devant l'École militaire, vers 1800. Grande pièce humouristique, en largeur, gravée à la manière du lavis.
Très belle épreuve. Sans marge.

62. Le roi de Maroc. — Le Portier. — Les Amateurs. — Le Délassement des Politiques. — Les Malheurs de la vaccine, etc. Sept pièces curieuses et rares tirées du Goût du Jour, Garde à Vous et autres suites de caricatures parues au commencement du siècle. *№*.

> Très belles épreuves coloriées. Grandes marges.

62 bis. Exercice de Forosio dans les Champs-Élysées. — Menuet de Monsieur et Madame Denis. — Le Maître d'armes. — Passetemps agréable. — Modes anglaises, etc. Quatorze pièces curieuses tirées du Bon Genre, Goût du Jour et autres suites. *№*.

> Très belles épreuves coloriées. Grandes marges.

63. Monsieur Mayeux. Dix-neuf pièces, lithographiées par Travies et Pigalle. *№*.

> Épreuves coloriées.

CHALLE (D'après M. A.).

64. Finissez, par G. Marchand. *§*.

> Très belle épreuve.

CHAILLOU (A paris Chez).

65. La Curieuse aperçue, jolie pièce à costumes de forme ronde. *№*.

> Très belle épreuve imprimée en couleur. Très grande marge.

CHEVAUX (D'après).

66. La Bourgeoise économe. — La Cuisinière rusée. Deux jolies pièces, faisant pendants, gravées par Girard. *№*.

> Très belles épreuves en couleur. Rares.

CHODOWIECKI (D.).

67. Cabinet d'un Peintre (Portraits du maître et de sa famille). —

> Très belle épreuve. *§*.

CHOQUET ET MANCEAU.

68. Dortoir philosophique de Mme Plumet et Compagnie, marchande de modes, sujet tiré d'un rêve sur le beau idéal, 1821. *§*.

> Très belle épreuve avant la lettre d'une petite pièce humouristique très bien gravée, elle est divisée en deux compartiments, dans l'un la devanture d'une marchande de modes, dans l'autre le lever des ouvrières. Très rare.

CIPRIANI (D'après J.-B.).

69. L'Agréable Distraction, par Michel. *№*.

> Très belle épreuve imprimée en couleur.

70. Ne dérangez pas le monde, par Bartolonii. *H.*

Belle épreuve imprimée en couleur.

COCHIN (D'après C. N.).

71. *Henri IV. — D'alembert. — Duclos. — Tubières de Caylus. —*
Dumont, le Romain. — Morand. — Les Slodz, etc. Treize portraits in-4. *H.*

Très belles épreuves ayant pour la plupart toutes leurs marges, le
portrait de Morand est avant toutes lettres.

COLINET.

72. La Comtesse Amélie de Bouflers, assise sous un arbre et tenant
un livre à la main. *H.*

Très belle épreuve, légèrement imprimée en couleur.

COLLIBERT ET GAZARD (D'après).

73. Le Malin Cuisinier. — La Cuisinière Françoise. Deux pièces faisant pendants, gravées par Vidal. *H.*

Très belles épreuves imprimées en couleur, la première pièce a toute
sa marge.

COLLYER (A.).

74. *Lady Banks,* petit médaillon ovale, gravé au pointillé d'après
J. Russell. *H.*

Très belle épreuve avec marge.

COSTUMES. — SCÈNES DE MŒURS.

75. La Reine. — Duc et Duchesse de Savoye. — Duchesse de Bour-
bon. — Roi et Reine d'Angleterre. — Les Muses. — Les Saisons, etc. Vingt-huit pièces, par Bonnart. *H.*

Très belles épreuves ayant toutes leurs marges.

76. Jeune Demoiselle en caraco de taffetas. — Jolie femme en pei-
gnoir à sa toilette. Deux pièces dessinées et publiées à Paris,
par Desrais. *6.*

Très belles épreuves.

77. Costumes et Modes français. Pl, 40, 124, 276, 387, plus quatre
pièces avant les numéros. — Ensemble huit pièces, d'après
Le Clerc, Desrais et Watteau fils. *6.*

Très belles épreuves.

78. 38e cahier de Costume Français, 9e suite des coeffures à la mode en
1781. Pl. 217, 218, 219 et 220. Quatre pièces, d'après Le Clerc.

Très belles épreuves coloriées du temps.

79. 34e cahier de Costumes français. Pl. 331, 332, 334 et 335. Quatre pièces, d'après Watteau de Lille. 5.

> Très belles épreuves coloriées.

80. Modes françaises pour les coeffures depuis 1776. Vingt-huit
sujets sur sept feuilles tirés des 3e et 5e cahiers. 5.

> Très belles épreuves coloriées.

81. Les Bons Amis ou le plaisir de la Danse. — Mère de famille avec
ses enfants en robe anglaise... — La Marchande de mode en
robe à la Polonnoise, avec la coëffure du berceau du Dauphin.
— Petit Maître en habit de vermichel, bordé d'indienne. —
Dame en caraco galant à l'anglaise garnie de gaze. Six grandes
pièces à un ou plusieurs personnages sur la feuille. 5.

> Très belles et très rares épreuves coloriées du temps; elles sont
> remargées.

82. La Jeune et Tendre Iris. — Madame de Sottenville. — Madame la
comtesse Tatillon. — La Charmante Félicité. — Manon la pro-
fiteuse. — Mlle Folichon. — Milady Karlingston. — La Maman
complaisante. — Ah! finissez, cher père. — La Rencontre
agréable. — Le Galant cordonnier. — Tailleur anglais, etc.
Douze pièces rares, à un ou plusieurs personnages sur la
feuille, publiées à Paris chez Basset. 6.

> Très belles épreuves coloriées.

83. Incroyables et Merveilleuses. Quinze pièces se suivant sans inter-
ruption du n° 1 au n° 15, gravées par Gatine d'après H. Vernet.

> Très belles épreuves coloriées; elles sont très fraîches et ont toutes
> leurs marges.

84. Vingt-trois pièces de la même suite dont deux doubles.

> Très belles épreuves coloriées.

85. *A Picturesque Representation of the manners, customs, and amusements of* THE RUSSIANS *in one hundred coloured plates with an
accurate explanation of each plate ind. English and French, in
three volumes, by John Augustus, Atkinson and James Walker.
London, printed for James Carpenter and Joseph Booker, 1812.*
3 parties en 1 vol. in-fol., relié en cuir de Russie, tranches
dorées. 5.

> Superbe exemplaire, avec les planches imprimées en couleur, d'un
> ouvrage des plus intéressants devenu très rare.

86. *Evening theatre. — Pamela evening Dress. — Opera Dress. —
Ball dress,* etc. Six pièces intéressantes et très bien gravées,
publiées à Londres en 1814 et 1823.

> Très belles épreuves en couleur.

87. Costume Parisien. (Journal des Dames, par P. de Lamesangère,
1797-1838.) An 6 à l'an 12. Soixante-dix-sept pièces coloriées

88. Costume Parisien. An 13 et 14, 1806 et 1807. Quatre-vingt-trois pièces coloriées.

89. Costume Parisien. 1808-1809-1810. Quatre-vingt-deux pièces coloriées.

90. Costume Parisien. 1811-1812-1813. Quatre-vingt-douze pièces coloriées.

91. Costume Parisien. 1814 à 1818. Cent trente-cinq pièces coloriées.

92. Costume Parisien. 1819 à 1826. Cent cinquante pièces coloriées.

93. Costume Parisien. 1827. Cent vingt-quatre pièces coloriées.

94. Costume Parisien. 1828. Cent cinquante-six pièces coloriées.

95. Costume parisien, 1829. Cent quatre-vingt-seize pièces coloriées.

96. Costume parisien, 1810 à 1823. Deux cent cinquante pièces coloriées.

Très belles épreuves, elles sont très fraîches et ont toutes leurs marges; quatre-vingt-dix pièces environ, comprises dans les années 1813 à 1817, ont été dessinées par H. Vernet, ce sont les plus jolies de toute la collection.

97. Modes et Costumes, an 11. Onze pièces coloriées. Rares.

98. Costumes de Femmes de haute et moyenne classe. Douze pièces gravées par Gatine d'après Lanté.
Très belles épreuves coloriées. Rares.

99. Costumes du département de la Seine-Inférieure. — Costumes de divers pays. Vingt-huit pièces gravées par Gatine, d'après Lanté.
Très belles épreuves coloriées.

100. Galerie française des Femmes célèbres. Trente-deux pièces gravées par Gatine, d'après Lanté.
Épreuves coloriées.

101. Travestissements. Seize pièces gravées par Gatine d'après Lanté.
Très belles épreuves coloriées, trois pièces sont doubles.

102. Costumes civils et militaires de la Monarchie Française depuis 1200 jusqu'à 1820. Deux cent soixante-dix pièces lithographiées par H. Lecomte et publiées par Delpech en 1821.
Belles épreuves coloriées ayant toutes leurs marges.

103. Costumes de ville, — de théâtre. — Modes. — Travestissements. Cent cinquante pièces gravées et lithographiées, noires et coloriées.

COSWAY (D'après R.).

104. *Instruction. — Devotion. — Improvement.* Trois pièces publiées en 1802 par R. Ackerman.

Très belles épreuves imprimées en noir, les figures et les mains en couleur. Grandes marges.

105. *Infancy. — Fidelity.* Deux très jolies pièces, de forme ovale, gravées par C. White.

Très belles et rares épreuves tirées en bistre, légèrement teintées de couleur.

CRAIG (D'après W.).

106. *Mrs Muller*, par H. Landseer.

Superbe et rare épreuve avant la lettre, en couleur. Toute marge.

CRÉPY (A Paris, chez).

107. *L'Impératrice Éléonora, Mag^d. Thérèse. — L'Empereur. — L'Électeur de Cologne. — Jacques III*, roi d'Angleterre. Quatre petits portraits dans de très jolis cadres ornementés.

Très belles épreuves.

DÉBUCOURT (P.-L.).

108. Les Deux Baisers, 1786.

Très belle épreuve imprimée en couleur.

109. Le Compliment ou la Matinée du Jour de l'an.

Très belle épreuve imprimée en couleur.

110. C'est en vain. N° 5 des Modes et Manières du jour.

Très belle épreuve imprimée en couleur.

111. Les Visites, pièce publiée le 1er jour du XIXe siècle.

Superbe et très fraîche épreuve en couleur.

112. Un Gourmand, 1803.

Superbe épreuve en couleur; elle est très fraîche et a de la marge.

113. Le Jour de l'an, 1807.

Très belle épreuve en couleur. Très rare.

114. Les Plaisirs paternels.

Très belle épreuve imprimée en couleur, piquée d'humidité. Rare.

115. Goûter des Anglais. *

Très belle épreuve en couleur.

116. Le Baiser à propos de bottes.

Superbe épreuve en noir. Toute marge.

DEMARTEAU (G.).

117. Femme nue couchée sur le ventre au milieu de draperies ; un Amour est couché sur sa jambe droite. Gravé d'après Boucher (n° 46).

Superbe épreuve à la sanguine.

118. Jeune femme couchée, une jambe repliée, près d'elle deux Amours. Gravé d'après Boucher (47).

Superbe épreuve à la sanguine.

118 *bis.* Tête de jeune fille, profil demi-perdu à gauche, des roses à son corsage ouvert. Gravé d'après Boucher (49).

Superbe épreuve à la sanguine. Rare.

119. Vénus sur les eaux, d'après Boucher (53).

Très belle épreuve à la sanguine.

120. La Bergère au cœur, d'après Boucher (73).

Superbe épreuve à la sanguine. Rare.

121. Autel de l'amitié. — Vénus couronnée. Deux pièces d'après Boucher (75 et 134).

Superbes épreuves à la sanguine.

122. Femme couchée, tournée à gauche et vue de dos. — Vénus endormie au milieu de draperies. Deux pièces gravées d'après Boucher (83 et 161).

Superbes épreuves à la sanguine.

123. Femme couchée, tournée à gauche, les seins et les jambes nues. — Vénus couchée sur un Dauphin. Deux pièces gravées d'après Boucher (78 et 88).

Superbes épreuves à la sanguine.

124. Buste de jeune femme, de profil à gauche. — Buste de jeune femme, de face, une rose dans les cheveux. Deux pièces d'après Boucher (126 et 127).

Superbes épreuves à la sanguine.

125. Nymphes, Amours et Colombes, d'après Boucher (204).

Très belle épreuve à la sanguine.

126. Portrait de jeune femme vue de face, une rose sur le sommet de la coiffure, d'après Courtois.

Très belle épreuve à la sanguine.

127. Femme nue, couchée sur le bras gauche et soutenant son men-
ton de la main droite. — Vénus et les Amours. — Femme nue
sur un lit, les jambes croisées. Trois pièces gravées d'après
Boucher (21, 74 et 227).

   Très belles épreuves à la sanguine.

128. Têtes de jeunes filles. Sept pièces gravées d'après Boucher, la
dernière pièce est gravée par Bonnet (33, 91, 113, 114, 116 et
132).

   Très belles épreuves à la sanguine.

129. La Poésie. — Jeune Fille arrosant des fleurs. — Buste de femme,
la tête couverte d'un grand voile. — Paysan italien. — Enfants. — Buste de femme. — Six pièces gravées d'après
Boucher et Courtois (135, 144, 156, 167, 169 et 315).

   Très belles épreuves à la sanguine.

130. Têtes de jeune fille, les yeux levés au ciel. — Buste de jeune
femme accoudée à gauche, la tête penchée. — Tête de jeune
femme. Trois pièces gravées aux deux crayons d'après Boucher.

   Très belles épreuves.

131. Études d'Amours. — Sujets d'Enfants. Cinq pièces gravées d'a-
près Boucher.

   Très belles épreuves à la sanguine.

132. La Danse : Jeune Femme dansant, un bouquet à la main.

   Très belle épreuve avant toutes lettres. Très rare et non décrite.

DENY (A Paris, chez).

133. L'Hommage accepté.

   Très belle épreuve coloriée du temps. Très grande marge.

DESCOURTIS (C.-M.).

134. F. J. *Wilhelmine de Prusse*, princesse d'Orange et de Nassau,
d'après Hentzi. In-folio.

   Magnifique épreuve avant toutes lettres ; elle est imprimée en couleur
mi-partie sur papier, mi-partie sur une bande de satin de 0^m,10 de largeur placée au milieu de la planche et dont les extrémités, en dehors de
la partie imprimée, ne sont pas adhérentes au papier. Cette épreuve, que
l'on peut considérer comme un essai du graveur sur les différences d'impression sur satin et sur papier, est la seule connue jusqu'à ce jour en
cet état ; elle est très fraîche et a toute sa marge.

DESRAIS? (D'après C. L.).

135. Le Coiffeur. — La Femme de chambre. — L'Écosseuse de pois.
— Le Jardinier galant. Quatre très jolies pièces, fort intéressantes comme costumes, gravées à la manière du lavis.

Superbes épreuves tirées en bistre ; elles sont très fraîches et ont de
grandes marges. Très rares de cette qualité.

136. Changez-moi cette tête. Très jolie pièce satirique gravée à la
manière du lavis.

Très belle épreuve tirée en bistre.

137. Le Bouquet dangereux. — Le Serment à la mode. Deux pièces
dans de charmants cadres ornés, gravées par Berthet.

Très belles épreuves ayant de très grandes marges.

DE TROY (D'après F.).

138. L'Ornement de l'esprit et du corps, par L. Surugue, 1747.
Très belle épreuve.

DROLLING (D'après).

139. Le Chapeau, par Perdriau.
Très belle épreuve imprimée en couleur.

DROUAIS (D'après J.-H.).

140. Les Enfants du duc de Béthune jouant avec un carlin, par Beauvarlet. In-fol.
Très belle épreuve.

ÉCOLE ANGLAISE (XVIIIᵉ SIÈCLE).

141. *Musidora.* Jolie petite pièce de forme ovale.
Très belle et très rare épreuve avant toutes lettres, en couleur.
Marge.

142. L'Éplucheuse de pois verts, petite pièce de forme ovale.
Superbe épreuve avec le titre seul, sans aucune autre lettre, elle est
en couleur et a toute sa marge.

143. Jeune Femme se démasquant, petite pièce de forme ovale.
Très belle épreuve avant toutes lettres, imprimée en couleur.

144. Ce qui vous plaira, petite pièce de forme ovale gravée en réduction.
Très belle épreuve imprimée en couleur. Remargée.

145. *Ceres. — Pœtry*. Deux pièces de forme ovale. *№*.

Très belles épreuves en couleur.

146. Le Repos : Jeune fille assise au pied d'un arbre, la tête appuyée sur une main, et caressant de l'autre un chien. Pièce de forme ovale. *№*.

Très belle épreuve imprimée en couleur. Sans marge.

147. Petite Fille entourant le cou de sa chèvre d'une guirlande de fleurs, petite pièce de forme ovale gravée dans le goût de Bartolozzi.

Très belle épreuve avant toutes lettres, imprimée en bistre.

148. L'Étude de la musique : Une Jeune femme, assise sur un canapé placé sous le péristyle d'un palais, joue de la harpe ; un jeune homme, dissimulé derrière une colonne, l'écoute attentivement. Grande pièce en largeur gravée à la manière noire *№*.

Très belle épreuve avant la lettre.

(149) *London Life*, 1817. Quinze pièces des plus intéressantes comme scènes de mœurs, tirées sur deux feuilles. *№ №*.

Très belles épreuves avant toutes lettres, en couleur, tirées avant d'avoir été séparées pour l'illustration de l'ouvrage portant le titre cité plus haut. Très rares en cet état.

150. *Planty. — Vanity. — The loue Letter. — Friendship*. Cinq pièces *№*

Belles épreuves en noir et en couleur.

ÉCOLE FRANÇAISE (XVIII° SIÈCLE).

151. L'Amant Pressant. — Le Baiser. Deux très jolies petites pièces de forme ronde et faisant pendants, gravées à la manière du lavis. *№*.

Très belles et rares épreuves tirées en bistre, les uns en couleur. Sans marges.

152. Six petits dessins de boutons, de forme ronde, imprimés sur la même feuille. *№*.

Très belle épreuve en couleur. Grande marge.

153. Le Double Engagement. — La Triple Yvresse. Deux pièces à costumes faisant pendants. *№*.

Très belles épreuves ayant toutes leurs marges.

154. Amusements enfantins. — La Première Course de l'Enfance. — La Bergère des Alpes. Quatre pièces. *№*.

Très belles épreuves en couleur.

155. Les Dénicheuses de nids. Composition de six figures, pour éventail, datant du commencement de ce siècle. *№*.

Très belle épreuve en couleur imprimée sur papier de soie.

EISEN (D'après C.)

156. Les Amusements champêtres. — Les Plaisirs champêtres. Deux pièces faisant pendants, gravées par De Longueil.
Très belles épreuves.

FICQUET (E.).

157. *Prosper Jolyot de Crébillon*, d'après Aved (F. 37). In-8.
Très belle épreuve avant les noms des artistes. Remargée.

158. *René Descartes*, d'après Hals (39). In-8.
Très belle et rare épreuve avant les noms des artistes. Grande marge.

159. *J.-J. Dortous de Mairan*, d'après Tocqué (41). In-4.
Superbe et très rare épreuve avant toutes lettres. État non décrit.

160. *Ch. Eisen. — J. De La Fontaine*, pour les Fables et pour les Contes (51, 61 et 62). Trois pièces in-8.
Très belles épreuves, le portrait de La Fontaine (61) est au ruisseau blanc.

161. *F. de La Mothe-Levayer*, d'après Nanteuil (84). In-8.
Très belle épreuve avant les noms des artistes.

162. *J.-J. Rousseau*, d'après De La Tour (132).
Très belle épreuve avant les noms des artistes et avant beaucoup de travaux, notamment sur la perruque du Personnage, sur le cadre et sur la draperie qui est au-dessous des palmes. Très rare.

163. La même estampe.
Très belle épreuve avant les noms des artistes. Grande marge.

164. *Chennevières. — Descartes. — La Fontaine. — J.-B. Rousseau. — Vadé*. Cinq portraits. In-8.
Très belles épreuves.

FILLŒUL ET COCHIN (D'après).

165. Les Heures du Jour. Suite de quatre pièces, gravées par Fillœul et Gallimard.
Très belles épreuves avec de très grandes marges. Suite rare à rencontrer complète.

FLAMEN (A.).

166. Troisième partie de Poissons de mer. Suite complète de douze pièces (R. D. 439-450).
Superbes épreuves avec la première adresse, celle de Van Merlen.

FRAGONARD ET BOREL (D'après).

167. La Cachette découverte. — J'y passerai. Deux pièces faisant
pendants, gravées par R. De Launay.
Très belles épreuves.

FREUDEBERG (D'après S.).

168. Le Petit Jour, par De Launay.
Très belle épreuve.

169. La Crainte enfantine, par Janinet.
Très belle épreuve imprimée en couleur.

170. Le Lever. — Le Coucher. Deux pièces gravées par Romanet et
Bosse.
Belles épreuves.

171. La Complaisance maternelle, par N. de Launay.
Superbe épreuve avant la dédicace. Toute marge.

GAUCHER ET AUTRES.

172. Madame la comtesse *Du Barry*. Quatre portraits in-8° d'après
Drouais et Marilly.
Très belles épreuves ayant toutes leurs marges

GAVARNI (S. Chevalier, dit).

173. Œuvres anciennes et nouvelles. Cent pièces tirées de diverses
suites : Artiste, Souvenirs de chicard, les Maris vengés, les
Actrices, Masques et Visages, etc.
Très belles épreuves avant et avec la lettre, quelques-unes portent le
Bon à tirer.

174. Aquarelles en fac-similé, — Artistes contemporains. Trente-cinq
pièces.
Très belles épreuves avant et avec la lettre, sur blanc et sur chine.

GAVARNI (D'après).

175. Allons-y gaiement. Grande pièce lithographiée par Charpentier.
Très belle épreuve coloriée.

GIRARD (D'après Mlle).

176. Le Triomphe de Minette, par Vidal.
Très belle épreuve avant la dédicace, en couleur.

GRATELOUP (J.-B.).

177. *John Dryden*, d'après Kneller (F. 4). In-18.

Superbe et rare épreuve du 2ᵉ état : avant que le nom de Grateloup, dans la marge, ait été reporté de gauche à droite et remplacé par celui de Kneller, sur chine volant.

GREEN (V.).

178. *The bird's nest. — The lap dogs.* Deux grandes et belles pièces en largeur et faisant pendants, gravées à la manière noire, d'après J. Gerhard.

Très belles épreuves en couleur. Rares.

GREUZE (D'après J.-B.).

179. La Cruche cassée, par Massard.

Très belle épreuve avec toute sa marge.

180. Le Donneur de Sérénade. — La Pareusse. Deux pièces faisant pendants, gravées par Moitte.

Superbes et rares épreuves avant la lettre. Grandes marges.

181. Étude du tableau de la Dame de Charité, par Massard.

Très belle épreuve.

182. Encadrement de l'estampe, gravée par Gaillard, intitulée la Voluptueuse.

Très rare épreuve à l'état d'eau-forte.

183. L'Oiseau mort, par J.-J. Flipart.

Très belle épreuve signée des artistes.

184. La Petite Fille au Chien, par Porporati.

Très belle épreuve avec toute sa marge.

185. La Pelotonneuse, par L. Cars.

Superbe et très rare épreuve avant toutes lettres, une légère restauration dans l'estampe.

186. La Privation sensible, par J.-B. Simonet.

Superbe épreuve avant la dédicace. Toute marge.

GUYOT (A Paris chez).

187. Les Quatre Heures du jour : cinq petits médaillons ronds imprimés sur une même feuille. Au verso de cette pièce une seconde gravure : le Portrait de Mˡˡᵉ Lebrun enfant, vue de

profil et se regardant dans un miroir qui la reflète de face ; dessiné et gravé de mémoire par Horban d'après le tableau de Mme Lebrun exposé au Salon de 1787.

Les épreuves de ces deux pièces sont très belles, elles sont imprimées en couleur.

HADEN (F. Seymour).

188. Fulham sur la Tamise (D. 18.) ——————

Très belle épreuve du 1e état terminé : avant que la tour et les inscriptions aient été changées.

189. La Promenade au bord de l'eau (67). ——————

Superbe épreuve, remplie de manière noire, tirée avant que la Dame en promenade ait été remplacée par un second petit chien.

HAMILTON (D'après W.).

190. *Children et Rabbits.* Charmante petite pièce gravée par F. Barney.

Très belle épreuve lettres grises, tirée en bistre.

HOPNÈR (D'après J.).

191. *The florist*, gravé à la manière noire par J. Dean.

Très belle épreuve.

192. *Mrs Jordan in the Character of the comic muse*, gravé à la manière noire par Paris. Grand in-fol.

Très belle épreuve lettres grises.

193. *Lady Gertrude Villiers*, gravé en réduction par R. Cooper. In-8

Très belle épreuve imprimée en bistre.

194. *Sophie Western*, charmante pièce gravée à la manière noire, par J. R. Smith.

Très belle épreuve imprimée en couleur. Coupée au ras de la bordure.

HUET (Par et d'après J.-B.).

195. Le Vice forcé dans ses retranchements. — Désolation des filles de Joye. Deux pièces faisant pendants, gravées à l'eau-forte.

Très belles épreuves, la dernière pièce est avant la lettre.

HUÉT (D'après J.-B.).

196. L'Amant écouté. — L'Éventail cassé. Deux pièces, faisant pendants, gravées par Bonnet.

Superbes épreuves imprimées en couleur.

197. La Belle Toilette, par Bonnet.
Très belle épreuve imprimée en couleur.

198. La Belle Cachette, par Bonnet.
Très belle épreuve avant la draperie, imprimée en couleur.

199. Le Bain, par Bonnet.
Très belle épreuve imprimée en couleur; cette pièce est d'après Jollain.

200. La Jarretière, par Bonnet.
Très belle épreuve imprimée en couleur.

201. *The balance. — The sump.* Deux pièces, faisant pendants, gravées par Bonnet.
Superbes épreuves imprimées en couleur.

202. La Chute inatendue. — La Culbute imprévue. Deux pièces, faisant pendants, gravées par J. Morret.
Très belles épreuves imprimées en couleur.

203. La Bonne Mère. — La Mauvaise Mère. Deux pièces, faisant pendants, gravées par Bonnet.
Très belles épreuves imprimées en couleur. Rares.

204. Les Compliments du jour de l'an. — Les Présents du jour de l'an. Deux pièces, faisant pendants, gravées par Bonnet.
Très belles épreuves imprimées en couleur.

205. Emblème. — Le Pêcheur et le Carpillon... fable. Deux pièces gravées par Bonnet.
Très belles épreuves imprimées en couleur.

206. Jeune Femme jouant avec un bilboquet. — Jeune Femme couchée sur un lit de repos. Deux petites pièces de forme ovale.
Belles épreuves en couleur des reproductions.

207. Le Midi. — Le Soir. Deux pièces, faisant pendants, gravées par Bonnet.
Très belles épreuves imprimées en couleur. Marges.

208. Le Goûter champêtre, par Jubier.
Très belle épreuve imprimée en couleur.

209. Les Adieux du Fermier. — L'Arrivée de la Fermière. Deux pièces, faisant pendants, gravées par Jubier.
Très belles épreuves imprimées en couleur.

210. Les Plaisirs de la Campagne. — La Ménagère. — L'Abreuvoir. Trois pièces gravées par Mixelle et Legrand.
Très belles épreuves en couleur.

211. Le Drapeau national, sujet enfantin gravé par Bonnet.
Très belle épreuve imprimée en couleur. Très grande marge.

212. L'Architecture, par Mallet.
Très belle épreuve imprimée en couleur.

213. La Bouillie aux chats. — Le Coq secouru. — Départ pour le siège de la Bastille. — La Petite attaque ou la Petite Bastille. — Le Tambour national. Cinq pièces, sujets enfantins, gravés par Bonnet.
Très belles épreuves imprimées en couleur.

214. Le Jeu de quille. — Le Jeu du cerbocalle. — Le Chariot chinois. — Le Jeu de la ballançoire. Quatre pièces, sujets chinois faisant pendants, gravées par Bonnet.
Très belles épreuves imprimées en couleur.

215. Alcibiade, ou le Moi, par Bonnet.
Très belle épreuve imprimée en couleur.

216. L'Amour prie Vénus. — Vénus enflammée par l'Amour. Deux pièces, faisant pendants, gravées par Bonnet.
Très belles épreuves imprimées en couleur.

217. L'Amour fait offrande de son cœur à Vénus, par Bonnet.
Superbe épreuve imprimée en couleur.

218. Offrande à l'Amour. — Offrande au dieu Pan. Deux pièces, faisant pendants, gravées aux deux crayons par Jubier.
Très belles épreuves.

HUMBLOT (D'après A.).

219. Rue Quinquempoix en l'année 1720. — Hôtel de Soissons établi pour le commerce du papier en 1720. Deux pièces curieuses sur le système de Law et intéressantes comme costumes.
Très belles et rares épreuves avant la lettre.

IMAGERIE ANCIENNE (XVIIIe SIÈCLE).

220. Environ trois mille neuf cents curieux petits sujets collés sur trois cent vingt-trois feuilles, représentant pour la plupart des costumes et exercices militaires.
Épreuves coloriées du temps.

ISABEY (D'après J.).

221. Mme *Dugazon*, par Monsaldy. In-4.
Très belle épreuve imprimée en couleur.

222. Aminte, petit médaillon ovale.
Très belle épreuve tirée en bistre. Grande marge.

ISABEY (D'après E.).

223. L'Écu de France, lithographie de Mouilleron.
Très belle épreuve.

JANINET (F.).

224. La Noce de village. — Le Repas des moissonneurs. Deux pièces, faisant pendants, gravées d'après Wille fils.
Superbes épreuves imprimées en couleur. Rares de cette qualité.

225. L'Oiseau privé, d'après Lagrenée.
Très belle épreuve imprimée en noir. Rare.

226. Trois petits sujets de forme ronde, costumes et intérieurs Louis XVI, genre Lawreince.
Très belles épreuves imprimées en couleur. Remargées.

227. Restes du palais du Pape Jules II, d'après H. Robert.
Très belle épreuve imprimée en couleur. Marge.

228. Réveil de Vénus, charmante petite pièce, de forme ovale, gravée d'après Charlier.
Très belle épreuve imprimée en couleur.

JANINET?

229. Pastorales. Deux pièces en largeur faisant pendants.
Superbes épreuves avant toutes lettres, imprimées en couleur, de deux pièces excessivement rares que nous rencontrons pour la première fois.

230. Dix-huit boutons de forme ronde, sujets et allégories révolutionnaires, réunis sur une même feuille publiées : Au Dieu des Arts, rue et en face de S. Barthelemi, n° 7.
Très belle et très rare épreuve imprimée en couleur.

JAZET (J.-P.-M.).

231. La Promenade du Jardin turc, d'après J.-J. de Br.
Superbe épreuve imprimée en couleur; elle est très fraîche et a toute sa marge.

JEAURAT (D'après E.).

232. Le Fiacre, par Pasquier.
Très belle épreuve avec toute sa marge.

KAUFFMAN (D'après A.).

233. *The Portrait of* ANGELICA KAUFFMAN *in the Character of design, listening to the Inspiration of Pœtry*. Gravé au pointillé par Th. Burke. *16*.
Très belle épreuve imprimée en bistre.

234. *Brotherly affection*, par W. Sedgwick, 1786. *16*.
Très belle épreuve imprimée en bistre.

235. *Maria*, jolie pièce ovale, gravée au pointillé par W. Ryland. *16*.
Très belle épreuve imprimée en rouge.

236. La Chevalière d'Eon, en buste, dans une bordure ovale, elle est coiffée d'un bonnet, le corsage décolleté est décoré de la croix de Saint-Denis et recouvert d'un mantelet. Très jolie pièce gravée au pointillé par Haward. In-fol. *16*.
Très belle épreuve avec marge.

LA FONTAINE (Pièces pour les Contes de).

237. Le Villageois qui cherche son veau. Très jolie pièce anonyme, gravée à l'eau-forte et ayant forme d'écran.
Très belle épreuve. Rare.

238. Promettre et tenir c'est un. Gravé par L. Legrand d'après C. Eisen.
Superbe et très rare épreuve avant toutes lettres, seulement les noms des artistes tracés à la pointe. Grande marge.

239. Le Faucon. — On ne s'avise jamais de tout. Deux pièces gravées par De Larmessin d'après Lancret.
Très belles épreuves avant l'adresse de Buldet. Toutes marges.

240. Le Glouton, par Fillœul d'après Pater. *4*.
Très belle épreuve.

LANCRET (D'après N.).

241. Le Jeu de Colin-Maillard, par C. N. Cochin (E. B. 42).
Très rare épreuve avant toutes lettres, à l'état d'eau-forte.

242. Les Saisons, suite de quatre pièces, en largeur, gravées par De Larmessin (12, 30, 39 et 63). *4*.
Très belles épreuves du 1er état : avant que l'adresse de De Larmessin ait été remplacée par celle de Crépy; elles ont, moins la pièce de l'hyver, de très grandes marges.

243. Le Théâtre-Italien, par Schmidt (79). *4*.
Très belle épreuve.

LAUGIER.

243 *bis.* *Washington*, en pied, d'après David, la tête d'après la peinture original de Stuart à l'Athœnéum de Boston. Grand in-fol.

Très belle épreuve sur chine.

LAWRENCE (D'après S. Th.).

244. *The daughters of Charles B. Calmady Esq*; par F. C. Lewis. In-fol.

Très belle épreuve avec une grande marge.

245. *Innocence*, jolie pièce gravée à la manière noire en réduction.

Très belle épreuve avant toutes lettres.

LAWREINCE (D'après N.).

246. L'Aveu difficile, par Janinet (E. B. 8).

Très belle épreuve imprimée en couleur.

247. Le Déjeuner anglais, par Vidal (17).

Très belle épreuve imprimée en couleur.

248. Le Lever des ouvrières en modes, par Dequevauviller (36).

Très belle épreuve avec la première adresse, celle de Dequevauviller, laquelle fut, plus tard, remplacée par celle de Bance. Toute marge.

249. L'Indiscrétion, par Janinet (30).

Très belle épreuve imprimée en couleur.

250. Le Mercure de France, par Guttenberg (38).

Belle épreuve.

251. Mrs *Merteuil and Miss Cecille Volange*, par R. Girard (39).

Très belle et rare épreuve d'un état non décrit: les angles sont équarris. Très grande marge.

252. La Sentinelle en défaut, par D'Arcis (58).

Très belle épreuve imprimée en couleur, avant que l'adresse de Tresca ait été remplacée par celle de : A Paris, rue des Mathurins, etc.

253. Le Serin chéri, par Denargle (Legrand (59).

Très belle et rare épreuve imprimée en couleur.

254. Les Soins mérités, par De Launay le jeune (60).

Très belle et rare épreuve avec la tablette blanche, seulement le titre et les noms des artistes sans aucune autre lettre.

LE BARBIER (D'après L.).

255. Les Fers brisés. Composition allégorique sur l'indépendance de l'Amérique ? par J.-B. Chapuy. *16.*

    Superbe épreuve avant la lettre, imprimée en couleur; elle est très fraîche et a toute sa marge. Très rare.

LE BEAU (P. A.).

256. Mme la Comtesse du Barry, dans une bordure entourée d'une guirlande de roses, d'après Marilly. In-8.

    Très belle épreuve avec une grande marge.

257. Sept portraits in-8, différents, de la chevalière d'Eon, en femme et en officier de dragons. *16.*

    Très belles épreuves ayant, la plupart, toutes leurs marges.

LE BRUN (D'après L.).

258. L'École de l'amour — Le Maître de musique. Deux pièces, faisant pendants, gravées par Chatelain et Coqueret. *16.*

    Très belles épreuves ayant toutes leurs marges.

259. La Sollicitation amoureuse, par Le Beau. *16.*

    Très belle épreuve.

LE CAPET (A Paris, chez).

260. L'Été. — L'Hiver. Deux pièces de forme ronde. *16.*

    Très belles épreuves avant toutes lettres, imprimées en couleur. Rares.

LE CLERC (D'après F.).

261. Le Bon Logis — A Beau cacher. Deux pièces, faisant pendants, gravées par L. Bonnet. *5.*

    Très belles épreuves imprimées à la sanguine.

LECOUTEUX (L.).

262. Pendant le prêche (vieille bretonne) d'après nature. In-fol.

    Superbe épreuve avant toutes lettres, tirée sur japon. Signée de l'artiste.

LEGRAND FURÇY.

263. The Scamstress *16.*

    Très belle épreuve en couleur. Marge.

LEGROS (J.-L.).

264. Tête de modèle, pointe sèche (P. M. 26).
Superbe épreuve, sur chine volant.

265. La Petite Marie, fille de l'Artiste, pointe sèche (30).
Superbe épreuve tirée avant la signature de l'artiste, sur chine volant. Tirée à 15 exemplaires seulement.

LE PAON (D'après).

266. Revue de la Maison du Roi au Trou d'Enfer, par Le Bas.
Très belle et rare épreuve avant toutes lettres.

LE PEINTRE (D'après Ch.).

267. La Cage symbolique, par Fessard.
Très belle épreuve avec marge.

LE PRINCE (D'après J.-B.)

268. L'Amour des fleurs, par Chevillet.
Très belle épreuve. Toute marge.

LESPINASSE (Le Chevalier DE).

269. Vue intérieure de Paris représentant le port Saint-Paul. — Vue intérieure de Paris représentant le port au blé. Deux grandes pièces en largeur, faisant pendants, gravées par Berthault en 1782 et en 1788.
Très belles épreuves coloriées.

270. Vue du Palais-Royal, des Galeries et du Jardin, par les Srs Varin frères.
Deux très belles épreuves, dont l'une, rare, est avant la dédicace.

MALLET (D'après J.-B.).

271. Julie ou le Premier Baiser de l'amour, par Copia.
Très belle épreuve en couleur.

MARE (T. De).

272. Portrait de la Reine de Hollande. In-fol.
Superbe épreuve avant toutes lettres, elle est sur japon et signée de l'artiste.

MARTINI (P.-A.).

273. Coup d'œil exact de l'arrangement des Peintures au Salon du Louvre en 1785.
Très belle épreuve.

274. *The Exhibition of the Royal academy* (Londres) 1787, d'après H. Ramberg.
Superbe épreuve avec toute sa marge.

275. Exposition au Salon du Louvre en 1787.
Très belle épreuve.

MASQUELIER (L.-J.).

276. *J. B. de La Borde*, Premier Valet de chambre du Roi, Gouverneur du Louvre ; médaillon dans une lyre gravé, d'après De Non, pour les chansons dont il était l'auteur.
Très belle épreuve. Remargée.

MEISSONIER (D'après E.).

277. Défilé des populations Lorraines devant l'Impératrice à Nancy, gravé à l'eau-forte par J. Jacquemart.
Très belle épreuve avec marge.

278. La Vedette, par Lerat.
Superbe épreuve avant toutes lettres, sur japon.

MOITTE.

279. Madame de Pompadour.
Très belle épreuve avant toutes lettres. Rare.

MONNET (D'après C.).

280. Les Baigneuses surprises, par Vidal.
Très belle et rare épreuve avant la lettre et avant les changements dans les cheveux. Grande marge.

MONNIER (H.).

281. Soixante-huit pièces tirées de diverses suites : Chansons de Béranger, — théâtre dés Variétés. — Vues de Paris. — Récréations, — Grisettes, — mœurs administratives, etc., plus son portrait, lithographié par Carjat, et six pièces d'après E. Lami. Ensemble soixante-quinze pièces.
Très belles épreuves coloriées, la plupart ont toutes leurs marges.

MONSALDY.

282. *Marie-Louise*, Archiduchesse d'Autriche, Impératrice, Reine et Régente, d'après J. Isabey, médaillon ovale in-4.

Belle épreuve imprimée en couleur.

MOREAU (J. M.).

283. La Promenade du matin. — L'Officier en promenade du midi.— La Promenade de l'après dîné. Trois pièces gravées à l'eau-forte par Moreau et terminées au burin par Le Bas, d'après des groupes tirés des Ports de France de J. Vernet (E. B. 182-183-184).

Très belles épreuves avec marges, la dernière pièce est avant la lettre.

284. Le Feu d'artifice tiré le 21 janvier 1782 devant l'Hôtel de Ville de Paris à l'occasion de la naissance de Mgr le Dauphin (203).

Superbe épreuve avant la lettre. Marge.

285. Fondation pour marier dix filles, d'après Gravelot (216).

Deux très belles épreuves dont l'une, fort rare, est à l'état d'eau-forte.

MOREAU (D'après I. M.).

286. *Au Roi.* — *A la Reine.* Portraits de Louis XVI et de Marie-Antoinette, dans des médaillons ovales entourés de figures allégoriques. Deux très jolies pièces petit in-fol., faisant pendants, gravées par N. Le Mire (E. B. 30 et 33).

Très belles épreuves avec marges.

287. *Honoré Riquetti Mirabeau.* Cette planche est, avec quelques changements, la même que l'une des précédentes, celle ayant pour titre : *Au Roi.* Le portrait de Mirabeau remplace celui de Louis XVI, il n'y a plus d'inscriptions dans la tablette, mais bien une composition allégorique, et les adresses de Guyot et de Jozant remplacent, dans la marge inférieure, celle de Petit.

Très belle épreuve. Très rare et non décrite.

288. Henri IV chez le Meunier, par Simonet (245).

Superbe et rare épreuve avant toutes lettres. Grande marge.

289. Déclaration de la Grossesse, par Martini. — Les Précautions, par Martini. — J'en accepte l'heureux présage, par Triere. — N'ayez pas peur ma bonne amie, par Helman. — C'est un fils, Monsieur, par Bacquoy. — Les Petits Parrains, par Bacquoy et Patas. — Les Délices de la Maternité, par Helman. — L'Accord parfait, par Helman. — Le Rendez-vous pour Marly, par Guttenberg. — Les Adieux, par De Launay, le Jeune. —

La Rencontre au Bois de Boulogne, par Guttenberg. — La Dame du Palais de la Reine, par Martini.

Suite complète de douze pièces formant la seconde série de la : *Suite d'estampes pour servir à l'histoire des modes et du costume en France dans le XVIII° siècle, année 1776.*

Superbes épreuves d'une parfaite égalité de tirage; elles sont avec les lettres A. P. D. R. et ont de belles marges.

MORLAND (D'après H.).

290. *Dressing for the Masquerade,* par Bartoloti.
Belle épreuve imprimée en couleur.

291. *The Effects of Youthful extravagance and idleness,* gravé à la manière noire, par W. Ward, 1789.
Très belle épreuve imprimée en couleur. Sans aucune marge.

292. *Fox hunting : The Death,* grande et belle pièce gravée par E. Bell.
Très belle et rare épreuve imprimée en couleur. Grande marge.

293. *The Parc Saint-James. — A tea Garden.* Deux pièces, faisant pendants, gravées par Mlle Rollet.
Très belles épreuves imprimées en couleur.

294. *Sheperds,* par W. Bond.
Très belle épreuve avant la lettre, en couleur.

295. *A visit to the Boarding School. —Juveniile navigators.* Deux pièces, faisant pendants, gravées à la manière noire par W. Ward.
Épreuves collées en plein et vernies.

296. *Domestic happiness, Lætitia with her Parents,* par Bartoloti.
Très belle épreuve en couleur.

297. *The Tavern Door* (Lætitia).
Très belle épreuve en couleur. Remargée.

298. *The virtuos Parent* (Lætitia), par Smith.
Très belle épreuve en couleur. Remargée.

NAPOLÉON (Pièces sur).

299. L'Empereur Napoléon à cheval, suivi de son état-major, parmi lequel on reconnaît le prince Eugène, Murat et Berthier. Gravé par Levachez d'après C. Vernet. Très grand in-fol.
Superbe épreuve imprimée en couleur. Sans marge.

299 *bis.* Napoléon, buste fort comme nature, lithographié par Carrière, d'après David.
Très belle épreuve.

300. Bataille et Passage du Pont de Lodi. — Passage du Pont d'Ar-
cole. — Bataille de Rivoli. — Bataille de Marengo. — Bataille
d'Iéna. — Bataille de Wagram. — Passage de la Bérésina. —
Derniers moments de Napoléon II. — Insurrection de Franc-
fort 3 août 1833. Dix pièces curieuses de l'Imagerie d'Épinal.
Épreuves coloriées.

NATTIER (D'après J. M.).

301. *Mme L. E. de France*, Duchesse de Parme, sous la figure allégorique de la Terre. Gravé par Baléchou. In-fol.
Très belle épreuve.

ORNEMENTS.

302. J. BERAIN. — Arabesques. — Décorations de voitures. Onze pièces
d'après Bérain.
Très belles épreuves.

302 *bis*. DAUBIGNY (Ph. Cordier). — Suite complète de 16 pièces de
diverses grandeurs représentant des motifs d'ARQUEBUSERIE
pour batteries de fusil.
Superbes épreuves avec l'adresse de Van Merlen, elles sont tirées à
deux sur la feuille et ont de grandes marges. Très rares.

303. DE LA FOSSE. — Dessins de meubles. Quatre pièces.
Superbes épreuves avec toutes leurs marges. Rares.

304. LA LONDE. — VIIe cahier d'ameublement. Suite complète de six
pièces.
Très belles épreuves ayant toutes leurs marges.

305. MOREAU et MANSART. — Diverses décorations de cheminées et
de Lambris. Cinq très belles pièces.
Très belles épreuves ayant toutes leurs marges. Rares.

306. RANSON. — IVe cahier de groupes de fleurs et attributs pasto-
raux. Suite de six pièces dont nous ne possédons que cinq,
manque la planche 6.
Très belles épreuves ayant toutes leurs marges, tirées sur papier
vert.

307. RANSON. — Trois grandes pièces en hauteur tirées du IVe cahier
de groupes de fleurs, d'ornements et trophées pour la décoration.
Très belles épreuves ayant toutes leurs marges. Très rares.

308. RANSON. — Décorations intérieures d'appartements, Ier cahier.
Suite de six grandes pièces en largeur, dont nous ne possé-
dons que cinq, manque la planche 1.
Très belles épreuves. Rares.

309. RANSON. — Groupes de fleurs et ornements pour la décoration, vingt-quatre pièces. *b*

Très belles épreuves, dont dix-huit sont tirées à deux sur la feuille ; elles ont toutes leurs marges. Très rares.

310. RANSON. — Trophées. — Cadres. — Attributs. Vingt-sept pièces.

Très belles épreuves. *b*

311. Dessins et motifs d'ornements pour voitures. Sept pièces dessinées et gravées par Girard et Chopard. *b*

Très belles épreuves. Rares.

312. Feux. — Meubles. — Attributs. Douze pièces d'après La Londe et De Lafosse. *b*.

Très belles épreuves.

313. Fleurons. — Dessus de boîtes. — Meubles. — Attributs. — Décorations intérieures, etc. — Vingt-six pièces d'après Delafosse, Cauvet, Salembier, Huet et autres artistes. *b*

Très belles épreuves.

314. Meubles et Décorations Empire. Soixante dix-sept pièces, tirées de l'annexe du Journal des Dames. *b*

Très belles épreuves, la plupart sont coloriées. Très rares.

OWEN (D'après W.).

315. *Elizabeth, Laura, Henrietta*, gravé à la manière noire par H. Meyer. Petit in-fol. *b*

Très belle épreuve.

PATERRE (D'après J.-B.).

316. Le Colin-Maillard. — Le Concert amoureux. — La Conversation intéressante. — La Danse. Suite de quatre pièces gravées par Fillœul.

Superbes épreuves avec de grandes marges. Rares de cette qualité.

PAYE (D'après R.-M.).

317. *Children reading the inscription on their mother grave stone.* — *Children spouting tragedy.* Deux pièces, faisant pendants, gravées à la manière noire par Ward et Hodges. *b*

Très belles épreuves imprimées en couleur. Rares.

318. *Children throswing snow balls — a Girl sketching a portrait on the ground.* Deux grandes et très belles pièces, faisant pendants, gravées à la manière noire par Ward. *b*

Très belles épreuves imprimées en couleur. Rares.

120 —   ③19   *Adoration. — Fraise.* Deux pièces de forme ronde et faisant
pendants, gravées par Nutter et Ward en 1785.
Belles épreuves en couleur.

PETERS (D'après W.).

102 —   320.   *Peasants with fruit and flowers.* Charmante petite pièce, de forme
ovale, gravée par Michel.
Superbe épreuve avant toutes lettres, imprimée en couleur. Rare.

PHILIPPS (G. H.).

46 —   321.   *The Lily,* gravé à la manière noire d'après E. T. Parris.
Très belle épreuve avec une grande marge.

PITOU.

322.   Les Plaisirs innocents.
Très belle épreuve en couleur. Grande marge.

PORTRAITS.

38 —   323.   *Pierre Ier. — Élisabeth Petrowna. — Pierre II. — Pierre III. —
Catherine II. — Paul Ier. — Potemkin. — Prince Orloff, etc.*
Vingt-huit portraits in-8 et in-4 de personnages russes.
Très belles épreuves avant et avec la lettre.

324.   *Is. Silvestre. — Girardon. — J. Le Clerc. — Watteau. — Wille. —
Decamps. — Delacroix. — Corot. — Rousseau,* etc. Soixante-
quatre portraits anciens et modernes, gravés et lithographiés,
peintres, sculpteurs et graveurs.
Très belles épreuves.

325.   *Molière. — Racine. — Boileau. — La Fontaine. — Voltaire,* etc.
Quatre-vingt-dix portraits in-8 et in-4, anciens et modernes,
poètes, littérateurs et auteurs dramatiques.
Très belles épreuves avant et avec la lettre.

43 —   326.   *Marie Leckzinska. — Marie-Thérèse. — Princes et Princesses* de
la Maison Royale. Vingt-deux portraits in-8 et in-4, gravés
par Beauvarlet, Le Beau et autres artistes.
Très belles épreuves.

327.   Le Président de *Meynières. — Dortous de Mairan. — Piccini. —
Cervantes.* Six portraits in-8 et in-4 par Carmontelle, Cathe-
lin et autres artistes.
Très belles épreuves avant et avec la lettre.

328. Princes et Princesses de la Maison-Royale. — Ecclésiastiques. — Femmes célèbres. Cinquante portraits in-8 et in-fol., gravés par De Larmessin, Le Beau, Choffard, Savart et autres artistes.
Très belles épreuves.

329. Portraits de Personnages, principalement de la Révolution et de l'Empire. Soixante-dix pièces gravées et lithographiées.

330. *Louis XVIII. — Duc d'Enghien. — Charles X. — La Duchesse de Berry. — Louis-Philippe*, etc. Trente-huit portraits gravés et lithographiés de personnages de la famille royale.
Très belles épreuves.

331. Souverains. — Hommes de guerre. — Savants. — Femmes célèbres. Quatre-vingt-dix portraits in-4 et in-fol., gravés et lithographiés.
Très belles épreuves.

332. Peintres. — Musiciens. — Littérateurs. Trente-quatre pièces anciennes et modernes, in-4 et in-fol., gravées et lithographiées.
Très belles épreuves.

333. Poètes. — Littérateurs. — Savants. Cent cinquante pièces in-4 et in-fol., anciennes et modernes, gravées et lithographiées.
Très belles épreuves.

PRÉVOST

334. Le Cabaret de Ramponeau. Pièce rare gravée à l'eau-forte.
Très belle épreuve.

PRUDHON (D'après P.-P.).

335. Amours de Phrosine et de Melidore. — Stellina surprise au sortir du bain par Édouard (La Grotte). Deux pièces gravées par Roger (De G. 4 et 140).
Très belles épreuves.

336. Neuf vignettes et quarante pièces diverses. Ensemble quarante-neuf pièces gravées et lithographiées d'après le Maître.

QUEVERDO (D'après P.-M.).

337. Le Sommeil interrompu, gravé à l'eau-forte par Queverdo et terminé par Dambrun.
Superbe épreuve. Toute marge.

338. La Peinture. — La Sculpture. — La Poésie. — Le Goût. Quatre pièces dans des cadres ornés.
Très belles épreuves ayant toutes leurs marges, les trois premières pièces sont avant l'adresse de Mondhare.

RAMBERG (D'après H.).

339. *Reflection*, jolie pièce, de forme ovale, gravée par W. Ward.
Belle épreuve.

340. *Harriot Godchild*, par Harmer.
Très belle épreuve imprimée en bistre. Marge.

READ (D'après C.).

341. *Miss Beatson*, gravé à la manière noire par Eliz[th] Judkins. In-fol.
Très belle épreuve.

REGNAULT (N.-F.).

342. Matin. — Soir. — La Nuit. Suite complète de trois pièces gravées au pointillé.
Très belles épreuves. Rares à trouver réunies.

LOUIS XVI et la RÉVOLUTION (Pièces sur).

343. *Louis-Auguste*, Dauphin de France. — *Marie-Antoinette*, Dau-
phine. Deux portraits in-fol., de forme ovale et faisant pendants, gravés en imitation de camées par Demarteau.
Très belles et très rares épreuves imprimées à la sanguine. Grandes
marges.

344. *Louis XVI.* — *Marie-Antoinette.* Deux portraits in-fol., de forme
ovale et faisant pendants, gravés au pointillé par Macret,
d'après Mme Lebrun.
Superbes et très rares épreuves avant la lettre. Marges.

345. *Louis XVI* en pied, gravé par Mme Allais en 1791, d'après Callet.
In-fol.
Très belle épreuve imprimée en couleur. Sans marge.

346. *Louis XVI*, roi d'un peuple libre; il est représenté en pied, en
costume d'officier de la Garde Nationale et tenant en main le
bâton fleurdelisé; au fond, la vue de la démolition de la Bastille. Pièce in-4, de forme ovale, gravée par Duchemin d'après
Caresme.
Très belle épreuve avec marge. Excessivement rare.

347. *Marie-Antoinette*, [Dauphine de France, gravé par Le Beau
d'après Fossier. In-4.
Très belle épreuve. Rare.

348. *Marie-Antoinette d'Autriche*, sœur de l'Empereur, Reine de France, en buste dans une bordure ovale, cheveux relevés et fixés en bandeaux roulés, corsage décolleté recouvert d'un manteau fleurdelisé. Gravé à la manière noire par Brookshaw. In-fol.
> Très belle épreuve.

349. *Le Cœur de la Nation :* dans un encadrement ayant forme de cœur et formé de rubans et de fleurs, *Marie-Antoinette* présente le *Dauphin* au buste de Louis XVI. Composition allégorique, gravée par un anonyme, d'après Huet, et publiée par Isabey à l'occasion de la naissance du Dauphin.
> Très belle épreuve.

350. *Marie-Antoinette*, assise sur le trône, présente le Dauphin à la France.
> Très belle et rare épreuve avant toutes lettres.

351. *M.-Antoinette. R. d. F.*, vue à mi-corps, de profil et tournée vers la droite, dans un petit médaillon ovale. Jolie petite pièce gravée au pointillé.
> Très belle épreuve. Très rare.

352. *Marie-Antoinette* d'Autriche, Reine de France et de Navarre, à mi-corps dans un ovale, elle est vue de face, les bras croisés appuyés sur une table posée devant elle. Gravé par Porporati en 1796.
> Très belle et très rare épreuve avant la lettre. Grande marge.

353. *La Panthère autrichienne* (portrait de Marie-Antoinette dans un médaillon ovale suspendu dans une lanterne). Grand in-4, publié à Paris chez Villeneuve.
> Superbe épreuve d'une pièce fort rare, gravée à la manière du lavis ; elle est très fraîche et a une grande marge.

354. *Louis XVI. — Madame Élisabeth*, sœur du Roi. Deux portraits in-4, gravés, d'après S. Boizot, par Mlle L^se Boizot, 1775.
> Très belles épreuves.

355. *Louis XVI. — Marie-Antoinette.* Dix portraits in-8, gravés par Le Beau, Gaucher, Huber et autres artistes.
> Très belles épreuves ayant pour la plupart toutes leurs marges.

356. *Louis XVI. — Marie-Antoinette. — Louis XVII. — Madame Élizabeth.* Trente portraits in-8, in-4 et in-fol.
> Très belles épreuves.

357. *Comte et Comtesse de Provence. — Comte et Comtesse d'Artois.* Dix-sept portraits in-8 et in-4, gravés par Le Beau, Cathelin et Dupin.
> Très belles épreuves ayant pour la plupart toutes leurs marges.

358. *The Martyr of equality*. Pièce très rare de Cruiksh and, publiée à Londres le 17 février 1893, représentant le duc d'Orléans, en garde national, debout sur l'échafaud et tenant à la main la tête de Louis XVI que l'on vient d'éxécuter.

Épreuve coloriée.

359. *Agricola Viala*, médaillon ovale, gravé par A. Briceau, femme Allais.

Très belle épreuve imprimée en couleur.

360. *Agricola Viala*, gravé par Pitou, d'après Desrais, médaillon ovale in-4.

Très belle épreuve en couleur. Toute marge.

361. *Joseph Barra. — Jean Paul Marat*. Deux portraits in-4, gravés par Montaland et Chereau.

Très belles épreuves en couleur.

362. Portraits de *Mirabeau, La Fayette, Bailly, Petion*, etc., réunis sur une même feuille. — Tableau des divers assignats. Deux petits trompe-l'œil de forme ronde.

Très belles épreuves, la première pièce est en couleur.

363. Soirée du 30 juin 1789. Les Gardes Françaises au Palais-Royal. Jolie pièce gravée à la manière du lavis.

Très belle épreuve avec marge.

364. Don patriotique fait par les Dames artistes le 7 septembre 1789. — Le 14 juillet 1790, Fédération des Français. Deux pièces gravées par Ponce d'après Borel et Meunier.

Très belles épreuves.

365. Gravures historiques des principaux événements depuis l'ouverture des États généraux. Vingt pièces gravées à la manière du lavis par Janinet.

Superbes épreuves ayant toutes leurs marges

366. 1er Emblème républicain, pièce, de forme ronde, publiée à Paris chez Joubert.

Très belle épreuve imprimée en couleur.

367. Le Triomphe de la République, grande pièce allégorique gravée par Alix d'après Boissier.

Très belle épreuve imprimée en couleur.

REYNOLDS (D'après sir J.).

368. *Prince William Frederick*, par C. Watson. In-4.
Très belle épreuve.

369. *Reflections on Clarissa Harlow*, par G. Scorodoumow.
Très belle épreuve imprimée en rouge.

ROWLANDSON (D'après F.).

370. *Inn Yard on Fire*, gravé à l'aqua-tinte par F. Matton, 1791.
Superbe épreuve coloriée d'une importante et fort jolie pièce du maître. Rare.

370 bis. *A sudden squall in Hyde Park*, gravé à l'aqua-tinte par F. Malton.
Superbe épreuve coloriée d'une importante et jolie pièce du maître. Rare.

371. *The brillants.* 1801.
Très belle épreuve. Rare.

372. *Sports of a country fair.*
Très belle épreuve coloriée.

RUSSELL (D'après J.).

373. *Betsy in trouble. — The dogs first sight himself.* Deux pièces, faisant pendants, gravées par Schiavonetti.
Superbes épreuves imprimées en couleur.

374. *Tom and his pidgeons*, par Knight.
Très belle épreuve imprimée en couleur.

375. *The Cake in Danger*, par W. Nutter.
Très belle épreuve imprimée en bistre.

RYDER (T.).

376. Portrait à mi-corps d'une jeune femme vue de profil et dirigée vers la droite; elle est assise près d'un arbre et a les mains croisées. Très jolie pièce de forme ovale.
Très belle épreuve.

RYLAND (W. Wynne).

377. *Domestick Employment*, 1775.
Très belle épreuve imprimée en rouge. Très grande marge.

SAINT-AUBIN (D'après G. de).

378. La Guinguette, divertissement pantomime du Théâtre-Italien.— Ballet dansé au théâtre de l'Opéra dans le Carnaval du Parnasse. Deux pièces, faisant pendants, gravées par Basan.
Très belles épreuves.

SAINT-AUBIN (A. DE).

379. La famille Renouard (235).

> Superbe et très rare épreuve du 1er état : avant toutes lettres et à l'eau-forte pure.

379 bis. La même Estampe.

> Très belle épreuve.

380. La Marchande de châtaignes, par le chevalier de P. (Parlington) (440).

> Superbe épreuve.

381. L'Hommage réciproque, par Gaultier (portrait de Saint-Aubin travaillant au buste de sa femme) (411).

> Superbe épreuve avant les vers et l'adresse au-dessous du titre ; elle est imprimée en couleur, est très fraîche et a une grande marge. Rare de cette qualité.

SAINT-JEAN (D'après J.-D. DE).

382. Femme de qualité en déshabillé sortant du lit.

> Très belle épreuve. Sans marge.

SAYER (A Londres, chez R.).

383. L'Instant de la gaieté. — La Chambrière instruite. — La Perte irréparable. — La Réflexion tardive. Suite de quatre pièces, dont deux sont dessinées par Duplessis-Bertaux.

> Très belles épreuves ; trois ont de grandes marges.

SAYER ET BENNETT (A Londres, chez).

384. *The Park, or the most Fashonable Dress for the year* 1777. Gravé à la manière noire avec quelques changements, d'après la composition de Moreau intitulée : le Départ pour Marly.

> Très belle épreuve.

SERGENT MARCEAU (Par et d'après).

385. *Marceau*, né à Chartres, soldat à XVI ans, général à XXIII, mort à XXVII ; représenté en pied dans le costume de hussard qu'il portait le jour où il fut blessé à mort. In-fol.

> Très belle épreuve imprimée en couleur. Marge.

SERGENT (D'après).

386. Vue de la Barrière du Chemin de Neuilly. — Vue de la Grotte du Jardin du Luxembourg. Deux petites pièces, de forme ronde, gravées par Le Campion.
Très belles épreuves imprimées en couleur.

SMITH (J.-R.)

387. *Mrs Amstrong.*
Très belle épreuve d'une jolie pièce gravée à la manière noire.

388. *Serena and Flirtilla.* Jolie pièce à costumes, de forme ovale publiée en 1782.
Très belle épreuve imprimée en bistre.

389. Mrs *Mills,* d'après G. Engleheart.
Bonne épreuve imprimée en couleur.

SMITH (D'après J.-R.).

390. *A visit at the Great Father;* gravé à la manière noire par Ward
Superbe et très rare épreuve avant la lettre (lettres tracées). Grande marge.

391. *A maid.,* gravé en réduction par Levilly.
Très belle épreuve en couleur.

SPORTS (Pièces sur les).

392. His Royal Highness *the* Prince *of* Wales. *This view of the noblemen's and Gentleman* trains *of* running horses *with the Grooms and Horses in their Full Liveries, taking their exercise up the* Waren-Hill *east of the town of.* Newmarket. Grande pièce en largeur, des plus intéressantes comme costumes, gravée par J. Collyer d'après H. Burney.
Très belle épreuve en couleur. Très rare.

393. *Two of his Majesty's State-Horses.* Grande et belle pièce gravée à la manière noire, en 1800, par W. Ward, d'après H. B. Chalon.
Très belle épreuve avec marge. Très rare.

394. *Firetail the property of Thos Foley* Esqr, publié en 1788, par R. Sayer.
Très belle épreuve en couleur.

395. *Coursing,* planches 1, 2 et 4. Trois pièces publiées à Londres, en 1809, chez Reeve et Jones.
Très belles épreuves imprimées en couleur.

396. *Trotting Match in Harness against Time*, 1816, gravé par Pollard d'après Sartorius.

Très belle épreuve en couleur.

397. Chasseur ramassant une bécasse qu'il vient de tuer, pièce anglaise, publiée vers 1820.

Très belle épreuve avant toutes lettres, en couleur.

398. *After running*, gravé par G. Hunt, d'après Pollard, et publié en 1822.

Très belle épreuve en couleur.

399. *Derby stakes*, par et d'après Alken, publié en 1820

Très belle épreuve coloriée.

400. *Coursing and Shooting*, planches 2, 3 et 4. Trois pièces gravées d'après Wolstenholme et publiées chez Akermann en 1823.

Très belles épreuves imprimées en couleur.

401. *Sporting anecdotes. — Skaiting.* Trois pièces d'après Alken et Ackinson, publiées en 1807 et 1833.

Très belles épreuves coloriées.

402. *Setting Dog et Patridge. — Coursing. — Shooting. — The Butchers Boy. — Bair Baiting*, etc. Douze pièces publiées de 1810 à 1826.

Très belles épreuves en couleur.

403. *A few ideas being hints to all would-be Meltonians*, suite de six pièces humouristiques d'après Alken, publiées par Mac Lean en 1826.

Anciennes et très belles épreuves coloriées dans leur couverture de publication.

404. *A few ideas being hints to all would-be whips.* Trois pièces humouristiques d'après Alken, publiées par Mac-Lean en 1829.

Très belles épreuves coloriées dans leur couverture de publication.

405. *Epsom. The race for the Derby*, 1816. — *Don-Caster Saint-Léger race*, 1838. Deux pièces gravée et lithographiée

Belles épreuves coloriées.

406. *Mail-Coach, London, Edinburgh and Glascow*, d'après Allen

Très belle épreuve avant toutes lettres, coloriée.

407. *Fox hounds running in covert. — The fox hunter. — Bachelor's hall.* Trois pièces gravées et lithographiées.

Très belles épreuves coloriées.

407 *bis.* La Chasse au loup. — La Chasse aux oiseaux. — La Chasse
au sanglier. — Abois du cerf. — La Fontaine de Vénus, etc.
Neuf pièces gravées par et d'après Oudry, Wouvermans et
Hondius *16*

> Très belles épreuves.

408. Les Jokeys montés, par Darcis, d'après C. Vernet. *16*. ⸺

> Très belle épreuve coloriée.

409. La Chasse au cerf, planches 1 et 3. Deux pièces gravées par
Levachez, d'après C. Vernet. *16*

> Très belles épreuves coloriées.

410. Chasseur au tir, gravé à la manière noire par Jazet, d'après
C. Vernet. *16*

> Belle épreuve.

411. L'Entrée dans le bois. — La Chasse. Deux pièces gravées par
Allais, d'après C. Vernet. *16*

> Belles épreuves coloriées.

412. Chasseur à l'affût. — Le Retour de la course. — Chiens en
défaut. — Jockei emporté par ses chevaux. — Barrière fran-
chie. — Malle-Poste Anglaise dans la neige, etc. Dix-sept
pièces gravées et lithographiées par et d'après C. Vernet, et
Levachez. *16*

> Belles épreuves noires et coloriées.

413. La Chasse au renard. Très belle pièce ayant forme d'éventail,
publiée à Paris, chez Susse fils vers 1835. *16*

> Superbe épreuve avant toutes lettres, imprimée en couleur. Excessive-
> ment rare.

414. Souvenirs du chasseur, chasse à tir. Suite complète de douze
pièces dessinées et lithographiées par F. Grenier. *16*

> Très belles épreuves dans leur couverture de publication.

415. Cheval arrivant de la chasse. — Tamerlan. — Le Curde. — Gla-
diator, etc. Douze pièces gravées et lithographiées. *16*

> Très belles épreuves, quelques-unes n'ont pas été dans le commerce.

416. Brevet de pointe. — Brevet de contre-pointe. — Brevet de
Canne. — Le capitaine Ulric, etc. Dix pièces. *16*

> Belles épreuves noires et coloriées.

STOTHARD (D'après Th.).

417. *The Children in the Wood.* Deux pièces, de forme ronde et faisant pendants, gravées par Collyer et Ed. Scott. *16*

> Très belles épreuves imprimées en couleur.

418. *A Sailors in port. — A Sailors return in peace.* Deux grandes pièces, faisant pendants, gravées à la manière noire par W. Ward.

Très belles épreuves.

TASSAERT.

419. *Sir Sidney Smith*, Comodore au service naval de S. M. Britanique, médaillon ovale in-4, gravé au pointillé d'après le dessin fait au Temple par Ph. Aug. Hen...

Très belle épreuve.

TAUNAY (D'après).

420. Noce de Village. — Foire de Village. Deux pièces, faisant pendants, gravées par Descourtis.

Très belles épreuves imprimées en couleur.

421. Les mêmes compositions. Deux charmantes petites pièces faisant pendants, gravées en réduction par Descourtis.

Superbes épreuves; elles sont d'une grande fraîcheur et ont toutes leurs marges.

TAYLOR (Publié à Londres par C.).

422. *The Sacrifice to Love.* Petite pièce gravée en réduction.

Très belle épreuve en couleur. Grande marge.

THÉATRE (Pièces sur le).

423. *Jean-Louis Laruette. — Marie-Thérèse Vilette*, sa femme, de la Comédie-Italienne. Deux portraits in-4, faisant pendants, gravés par Elluin d'après Le Clerc.

Très belles épreuves, la dernière pièce est avant toutes lettres.

424. *Mlle Ollivier*, de la Comédie-Française, gravé par Lebeau, d'après Decrais. In-8.

Superbe épreuve avant toutes lettres.

425. *F. A. M. de Raucour*, de la Comédie-Française, médaillon ovale in-4 reposant sur un cartouche où est représentée une scène de Mithridate, gravé par Le Beau.

Superbe épreuve avant la pagination. Grande marge.

426. *Mlle Colombe. — Mlle Clairon. — Dugazon. — Laruette. — Lekain. Michu. — Préville. — Mlle Raucourt.* Dix portraits en pied in-8 et in-4, gravés par Janinet.

Très belles épreuves avant et avec la lettre, imprimées en couleur, une pièce est double.

427. *Mlle Contât.* — *Mlle Duthé.* — *Mlle Ollivier.* Trois portraits in-8.
 Belles épreuves imprimées en couleur des reproductions.

428. *Joseph Caillot.* — *Mlle Camille.* — *Mme Favart.* — *Mlle Journet.* — *Rosalie Levasseur.* — *Preville*, etc. Dix pièces in-8 et in-4.
 Très belles épreuves.

429. *Sophie Arnould.* — *Mlle Mars.* — *Mlle Clairon.* — *Mme Joly.* — *Mlle Raucourt.* — *Talma*, etc. Dix pièces in-4 et in-fol.
 Très belles épreuves avant et avec la lettre, et à l'état d'eau-forte.

430. *Mlle Duchesnois.* — *Mlle Duchesnois et Mlle Bourgoin.* Trois portraits in-8, in-4 et in-fol., gravés par Vendramini et autres artistes.
 Très belles épreuves dont une imprimée en couleur.

431. *Mlle Plessy.* — *Léontine Fay.* — *Mme Marie Lalande.* — *Mme Damoreau-Cinti.* — *Mlle Falcon.* — *Kiouny.* — *Regnier.* — *Lablache.* — *Mme Karoly.* — *Coquelin.* — Pièces sur le théâtre. Vingt pièces gravées et lithographiées, la plupart par Grevedon.
 Belles épreuves.

432. *Rachel.* — *Jenny Lind.* — *Julia Grisi.* — *Fanny Cerrito.* — *Arnould-Plessy.* — *Madeleine Brohan*, etc. Trente-deux portraits lithographiés, in-4 et in-fol., d'artistes dramatiques et lyriques.

433. Costumes de théâtre. Quatre-vingt-dix pièces publiées chez Martinet.
 Anciennes et belles épreuves coloriées.

434. Galerie théâtrale. Cinquante-deux pièces.
 Très belles épreuves, très soigneusement coloriées.

VANLOO (D'après C.).

435. La Conversation espagnole, par Beauvarlet.
 Très belle et rare épreuve avant toutes lettres.

VERNET (D'après J.).

435 *bis.* Le Port de Toulon, par C. N. Cochin.
 Superbe épreuve ayant toute sa marge.

VERNET (D'après C.).

436. La Danse des Chiens, par Levachez fils.
 Superbe épreuve imprimée en couleur; elle est très faîche et a toute sa marge. Très rare de cette qualité.

437. Les Ennuyés chez eux (intérieur du café Procope), par Coqueret.
Belle épreuve en couleur.

438. Campement de Cosaques, 1815, grande pièce gravée à la manière noire par Coqueret
Très belle épreuve avant la lettre.

VERNET (D'après H.).

439. La Dernière Cartouche, par Chollet.
Très belle épreuve avant la lettre.

VILLENEUVE (A Paris, chez Mme de).

440. *Girl and Pigeons — Boy and Lamb.* Deux petites pièces, de forme ovale, faisant pendants.
Belles épreuves en couleur.

VIGNETTES.

441. Le cabinet de Basan. Petite pièce in-4, en forme d'en-tête, gravée par Choffard.
Très belle épreuve.

442. Vingt-six petites vignettes, tirées à treize sur la feuille, pour deux almanachs de poche.
Superbes et très rares épreuves avant toutes lettres.

443. Suite complète de 34 gravures in-8, pour les œuvres de Molière, gravées, d'après Boucher, par Punt, 1745
Très belles épreuves tirées à quatre et à six sur la feuille.

444. Quatre-vingt-dix pièces in-8, d'après Eisen, pour les Contes de La Fontaine, édition des Fermiers généraux.
Très belles épreuves, dont quelques-unes, fort rares, sont avant les retouches.

445. Suite complète de quatre pièces in-8 et un frontispice d'après Eisen, pour la Déclamation théâtrale, poème de Dorat
Très belles épreuves avec marges.

446. Cinquante-huit pièces in-8 et in-4 par Cochin, Moreau, Punt et Le Barbier, pour Molière, La Fontaine et les Chansons de La Borde.
Très belles épreuves.

447. Titres et culs-de-lampe pour divers ouvrages. Vingt-cinq pièces
Très belles épreuves.

448. Soixante-quinze pièces in-8 et in-4, d'après Cochin, Eisen, Moreau et autres artistes pour divers ouvrages.

> Très belles épreuves avant et avec la lettre.

449. Douze pièces in-4, d'après Moreau, pour les œuvres de Rousseau.

> Très belles épreuves.

450. Suite complète de 31 gravures in-8, d'après Moreau, pour les œuvres de Molière, édition Renouard.

> Très belles épreuves ayant toutes leurs marges.

451. Titre de la Paysanne pervertie, d'après Binet.

> Très belle et rare épreuve avant toutes lettres.

452. Joconde — Le Paysan qui a offensé son seigneur. — La Fiancée du Roi de Garbe. Quatre pièces in-4 d'après Fragonard, pour les Contes de La Fontaine, édition de Didot l'aîné.

> Très belles épreuves avant et avec la lettre, une pièce est double.

453. Suite complète en double état : à l'eau-forte et avant la lettre, de 9 figures in-8 à claire-voie, par Corbould, pour les œuvres de *Bernardin de Saint-Pierre*, édition Lefevre. — Suite complète en épreuves avant la lettre de 5 figures in-18 d'après Desenne, pour Paul et Virginie, suivie de la chaumière indienne, édition Janet.

> Très belles épreuves sur chine, grand papier.

454. Suite complète de 10 figures et d'un portrait par Wedgwood et Corbould, pour les œuvres complètes de *Bernardin de Saint-Pierre*, édition Lequien, 1830.

> Très belles épreuves sur chine, en double état : à l'eau-forte et avant la lettre ; la suite à l'eau-forte est sur grand papier.

455. Suite complète de 10 figures in-18, d'après les dessins de Smirke, pour les œuvres poétiques de *Walter Scott*, édition de Huret et Robinson, Londres, 1823.

> Très belles épreuves non ébarbées.

456. Suite complète de 33 figures in-8 par les frères Johannot, pour les œuvres de *Walter Scott*, édition Furne.

> Superbes épreuves en double état : à l'eau-forte et avant la lettre ; elles sont tirées sur chine et sont, moins trois pièces, sur grand papier.

457. Suite complète de 84 fleurons, dessinés et gravés par les Johannot, pour les œuvres de *Walter Scott*.

> Superbes épreuves avant toutes lettres, sur chine, tirées à deux sur la feuille.

VOITURES (Pièces sur les).

458. Voitures françaises et étrangères. — Pièces dans lesquelles se
trouvent des voitures. — Carnets de carrossiers. Deux cent
soixante pièces gravées et lithographiées, datant du commencement à la moitié de ce siècle.

Épreuves noires et coloriées, quelques dessins.

VUES.

459. Vues de Paris et de ses Environs. Vingt et une pièces par Ri-
gaud et Pérelle.

Très belles épreuves.

460. Vue perspective des illuminations de la Rue de la Ferronnerie,
à Paris, à l'occasion de l'heureuse convalescence de Sa Majesté
en 1745. A Paris, chez Daumont.

Très belle épreuve. Rare.

461. Vues de Paris, de ses Environs et de la Province. — Feux d'artifices.
Trente-quatre pièces connues sous le nom de vues d'optique.

Épreuves coloriées du temps.

462. Vue et Perspective de la ville de Paris, prise du Pont Royal,
pièce anonyme publiée chez Esnauts et Rapilly.

Très belle épreuve coloriée du temps.

463. Vue de la Fontaine des Innocents. — Vue du Château des Tuileries. — Vues intérieures de Paris. Quatre pièces, dont deux
grandes, gravées d'après Courvoisier et le chevalier de Les-
pinasse.

Très belles épreuves noires et coloriées.

464. Vues de Paris et ses Environs. Vingt-six pièces, de formes
ovale et carrée, gravées par Les Campion, Janinet et autres
artistes.

Très belles épreuves imprimées en couleur.

465. Vue du Temple. — Le Théâtre Italien. — Les Bains chinois. —
Les Boulevards de Paris. — Le grand café d'Alexandre. —
Saut du Niagara, rue Saint-Lazare, etc., onze pièces.

Très belles épreuves coloriées et imprimées en couleur.

466. Vues de Paris et de ses environs. Vingt et une eaux fortes par
Martial, Mlle Niel, Delaunay et autres artistes.

Très belles épreuves avant et avec la lettre, sur blanc et sur japon.

467. Vue de Saint-Malo vers 1810, par et d'après Garneray.

Très belle épreuve imprimée en couleur. Rare.

WARD (W.).

468. *G. Morland*, gravé à la manière noire d'après R. Muller, 1805. In-fol. %

    Très belle épreuve. Rare.

468 bis. Le Même personnage, gravé à la manière noire d'après W. Collins, en 1808. In-8. %

    Très belle épreuve avec toute sa marge.

WARD (D'après W.).

469 *The lovely Brunette*, par E. Williams. %

    Très belle et rare épreuve en couleur. Marge.

WATTEAU (D'après A.).

470. Watteau debout, tenant sa palette à la main, et M. de Julienne assis, jouant du violoncelle dans un parc, gravé par Tardieu.

    Très belle épreuve avec une très grande marge.

471. Les Saisons. Suite de quatre pièces en largeur, gravées par Brillon, Moyreau, Audran et De Larmessin. %

    Très belles épreuves.

472. Les Délassements de la guerre. — Vénus blessée par l'Amour, arabesque. — Dessins de Clavecin, d'après Gillot. Trois pièces. %

    Très belles épreuves.

WESTALL (D'après R.).

473. *Miss Maria Linley*, médaillon ovale gravé au pointillé par T. Ryder.

    Très belle épreuve imprimée en bistre. %

474. *The young. Fortuneteller*, par F. Gaugain. %

    Superbe épreuve imprimée en bistre. Grande marge.

475. *Hay makers in a storm*, gravé par C. Knight. %

    Très belle épreuve imprimée en couleur.

WHÉATLY (D'après F.).

476 *The school mistress*, par J. Coles. %

    Très belle épreuve en couleur.

477. *The Water cress girl*, par Bartolozzi. %

    Très belle épreuve en couleur.

478. *The Woodman's Return*, gravé par J. Whessel.
Très belle épreuve imprimée en bistre.

479. *Cries of London. Plate III : Oranges sucrées, oranges fines*, par
L. Schiavonetti.
Superbe épreuve imprimée en bistre. Toute marge.

480. *Cries of London, Plate 10 : old chairs to mend*, par Vendramini.
Belle épreuve.

WILLE (D'après P.-A.).

481. Le Bouton de rose, par Voyez, l'aîné.
Très belle épreuve avec marge.

WOLFF l'aîné (D'après).

482. La Douce minette. — Les Pommes de terre. Deux pièces, faisant
pendants, gravées par Wolff, jeune.
Très belles épreuves en couleur.

483. La Douceur. — L'Amitié. Deux pièces, de forme ovale et faisant
pendants, gravées par Wolff, jeune.
Très belles épreuves en couleur.

ZEEMAN (R.).

484. Seconde suite de marines. Suite complète de huit pièces
(D. 31. 38).
Superbes épreuves du 1er état : avant que l'adresse de Danker Dankerts
ait été remplacée par celle de Cl. de Jonghe ; quelques pièces sont tachées.

DESSIN

OPIZ.

485. *Un boulevard de Paris vers 1810.*

Sur le boulevard, une foule nombreuse se promène ; on remarque au premier plan et au milieu de la composition un jeune élégant habillé à la mode du jour ; il tient par la taille une paysanne, laquelle est accompagnée d'une amie, une grisette ; cette dernière se retourne et fait des signes à un militaire et à un jeune homme qui les suivent. De tous côtés, de nombreux marchands en plein vent, marchandes de saucisses, d'oublies, de pommes. Au fond, la vue des théâtres : M.ⁿᵉ Le Breton, Les Jeunes Artistes, l'Ambigu-Comique et le Spectacle du monde en miniature. En avant de chaque théâtre, sur des tréteaux et devant une foule nombreuse, des artistes font la parade.

Très joli dessin au trait lavé d'aquarelle, il est des plus intéressants et comme costumes et comme scène de mœurs.

Paris. — Typ. Chamerot et Renouard, 19, rue des Saints-Pères. — 3743 .

www.ingramcontent.com/pod-product-compliance
Ingram Content Group UK Ltd.
Pitfield, Milton Keynes, MK11 3LW, UK
UKHW021127140726
13695UKWH00004B/1766